EXPOSÉ

DES

TITRES ET TRAVAUX SCIENTIFIQUES

Du Dr Aphe BOURDEL,

A L'APPUI DE SA CANDIDATURE

A LA CHAIRE DE CLINIQUE CHIRURGICALE

vacante dans la Faculté de médecine de Montpellier.

MONTPELLIER

Typographie et Lithographie de BOEHM et FILS
Place de l'Observatoire.

1875

TITRES ET TRAVAUX SCIENTIFIQUES

Du Dr A^{phe} BOURDEL.

EXPOSÉ

DES

TITRES ET TRAVAUX SCIENTIFIQUES

DU Dr A^{phe} BOURDEL,

A L'APPUI DE SA CANDIDATURE

A LA CHAIRE DE CLINIQUE CHIRURGICALE

vacante dans la Faculté de médecine de Montpellier.

MONTPELLIER

Typographie et Lithographie de BOEHM et Fils

Place de l'Observatoire.

1875

EXPOSÉ

DES

TITRES ET TRAVAUX SCIENTIFIQUES

Du Dr A^{PHE} BOURDEL.

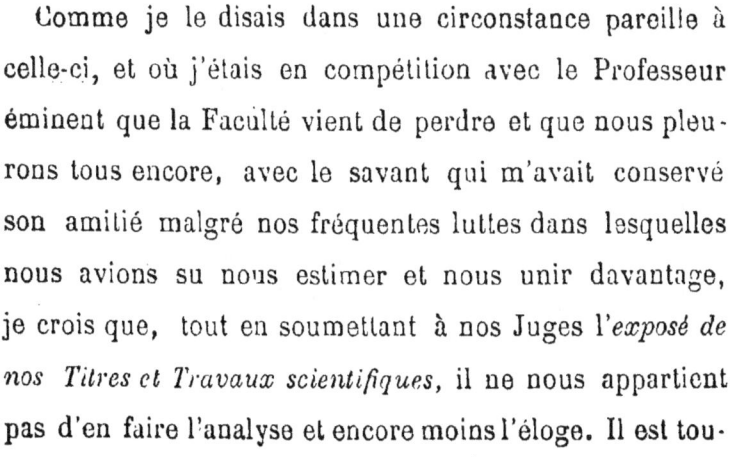

Comme je le disais dans une circonstance pareille à celle-ci, et où j'étais en compétition avec le Professeur éminent que la Faculté vient de perdre et que nous pleurons tous encore, avec le savant qui m'avait conservé son amitié malgré nos fréquentes luttes dans lesquelles nous avions su nous estimer et nous unir davantage, je crois que, tout en soumettant à nos Juges l'*exposé de nos Titres et Travaux scientifiques*, il ne nous appartient pas d'en faire l'analyse et encore moins l'éloge. Il est toujours si facile de reproduire les articles d'amis ou de journalistes complaisants !

Je pourrais transcrire ici le jugement porté sur ma candidature et mes travaux par des hommes compétents dont l'honorabilité et la loyauté sévère égalent la droiture. Je crois devoir m'en abstenir, parce que mon avis est que mes Juges doivent se faire leur opinion par eux-mêmes, et qu'il ne m'est pas permis de chercher à les influencer autrement que par mes titres à leur attention. Je me bornerai donc, contrairement à la manière de faire de plusieurs Candidats, à une simple énumération de Titres et Travaux.

Élève de la Faculté, que je n'ai pas quittée; attaché à elle depuis plus de vingt-cinq ans, la plupart de mes Juges m'ont connu comme élève, comme collègue et comme confrère. Ils me connaissent donc intimement et me jugeront sans surprise.

Ils ont vu mon penchant affirmé pour la Chirurgie dès le début de mes études, ma tendance marquée vers sa pratique pendant toute ma carrière, et ma spécialisation par mon enseignement et mes travaux.

Ce n'est donc que pour satisfaire au règlement que je

vais énumérer mes titres au suffrage de mes Juges, en les groupant sous les chefs suivants :

I. Titres scientifiques et récompenses honorifiques.

II. Positions obtenues par le concours.

III. Positions obtenues par la présentation.

IV. Services rendus.

V. Publications diverses.

I.

TITRES SCIENTIFIQUES ET RÉCOMPENSES HONORIFIQUES.

1° Docteur en médecine de la Faculté de médecine de Montpellier (16 février 1849).

2° Lauréat (médaille en vermeil) de la Société médico-chirurgicale de Bruges (Belgique) (1854).

3° Lauréat (médaille d'argent) de l'Exposition de l'industrie de Montpellier de 1860 (section d'histoire naturelle).

4° Lauréat (médaille de bronze) de l'Exposition de l'industrie de Montpellier de 1860 (6ᵉ section : Instruments de chirurgie).

5° Membre titulaire de la Société de médecine et de chirurgie pratiques de Montpellier (1844).

Secrétaire général de la même Société, pendant un grand nombre d'années.

6° Membre correspondant de la Société de médecine de Nîmes (1851).

7° Membre titulaire de l'Académie des sciences et lettres de Montpellier (section de médecine) (1852).

Vice-secrétaire, de 1855 à 1858.

Vice-président en 1862.

Président en 1863.

8° Officier d'Académie (1853).

9° Membre correspondant de la Société d'hydrologie médicale de Paris (27 janvier 1854).

10° Membre correspondant de la Société médico-chirurgicale de Bruges (Belgique) (octobre 1854).

11° Membre correspondant de la Société nationale de

médecine, chirurgie et pharmacie de Toulouse (1858).

12° Membre correspondant de la Société de médecine de Poitiers (1859).

II.

TITRES ET RÉCOMPENSES SCIENTIFIQUES OBTENUES PAR LE CONCOURS.

1° Élève de l'École pratique d'anatomie et d'opérations chirurgicales de la Faculté de médecine de Montpellier (Concours de 1841).

2° Chirurgien interne de l'hôpital civil et militaire d'Avignon, nommé pour quatre ans (Concours de 1842).

Chirurgien chef-interne du même hôpital (6 mars 1843).

Préparateur du cours d'Anatomie fait à l'hôpital d'Avignon par un Professeur payé par la ville.

3° Chirurgien interne de l'Asile des Aliénés de Montpellier (Concours, 1er janvier 1844).

4° Chirurgien chef-interne de l'Hôpital-Général, du Dépôt de police, et de la Clinique d'accouchements de Montpellier (Concours, 1er janvier 1845).

5° Chirurgien interne de l'hôpital Saint-Éloi de Montpellier, nommé pour quatre années, de 1846 à 1850 (Concours, 1ᵉʳ janvier 1846).

6° Chirurgien chef-interne, 1ᵉʳ janvier 1849.

7° Agrégé de la Faculté de médecine de Montpellier (Concours fini le 4 août 1849).

8° Lauréat, prix d'accouchements de la Société médico-chirurgicale de Bruges (Concours, octobre 1854).

9° Concours pour la place de Chef des travaux anatomiques, en 1851 et en 1857. (Je ne crains pas de mentionner ces deux Concours, quoique le scrutin ne m'ait pas été favorable, parce que mes Juges savent tous quelle est l'importance des épreuves qui les composent, et que plusieurs d'entre eux ont été témoins de la manière dont j'y ai répondu.)

III.

POSITIONS OBTENUES PAR LA PRÉSENTATION.

1° Chargé du service de médecin en chef de l'Asile des Aliénés pendant un congé de deux mois accordé au Professeur Rech (Lettre du Préfet, 6 septembre 1844).

2° Délégué à l'épidémie de Suette miliaire de 1851, pour organiser et diriger le service médical à Roujan et dans tout le canton (Commission du Préfet, 26 mai 1851).

3° Médecin-Inspecteur de l'établissement thermo-minéral de Lamalou-le-Haut de 1852 à 1864, époque où j'ai donné ma démission, mes occupations professionnelles m'empêchant de surveiller ce service avec le soin qu'il exige (Arrêté préfectoral du 21 juin 1852).

4° Médecin de la Société militaire et philanthropique de Saint-Maurice depuis 1852 (service gratuit).

5° Médecin de la Société des Médaillés de Sainte-Hélène depuis sa fondation, 1860 (service gratuit).

6° Médecin du Couvent et du Pensionnat de Demoiselles de la Conception depuis 1861.

7° Chirurgien en chef du Chemin de fer du Midi (construction de la ligne de Montpellier à Paulhan, depuis 1867 et toute la durée de la construction).

8° Médecin du Couvent et du Pensionnat de Demoiselles de Sainte-Ursule depuis 1868.

9° Médecin de l'École d'Agriculture (Arrêté Ministériel du 5 avril 1872) (service gratuit).

10° Médecin de la Compagnie du Chemin de fer du Midi (Exploitation) (1875).

Je signale ces divers services, la plupart gratuits, parce qu'ils m'ont mis à même de recueillir bon nombre d'observations chirurgicales et de faire une série d'opérations précédées souvent de vraies leçons cliniques pour les nombreux élèves qui m'ont accompagné.

IV.

SERVICES RENDUS.

1° Dans l'Enseignement officiel.

A. *A l'Hôpital d'Avignon.*

Dès 1843, j'ai été officiellement chargé par le Conseil-général de Vaucluse de faire un cours public d'Accouchements complémentaire de celui du Professeur Clément, aux Élèves sages femmes de ce département. Je l'ai continué jusqu'au moment où j'ai donné ma démission pour entrer dans les hôpitaux de Montpellier.

Je faisais en même temps les répétitions du cours d'Anatomie aux externes et aux Étudiants en Médecine.

B. *A la Faculté de Médecine de Montpellier.*

Nommé Agrégé, j'ai été chargé huit fois de suppléer des Professeurs malades ou empêchés, et une fois de tenir la Chaire vacante.

Pendant l'année scolaire :

1850 et 1851, j'ai suppléé M. le Professeur Lordat dans son Cours de Physiologie.

1851 et 1852.....M. le Professeur Dubrueil dans son Cours d'Anatomie.

1852 et 1853, j'ai suppléé M. le Professeur Lordat dans son Cours de Physiologie.

1853 et 1854.......*id*..............*id*........

1854 et 1855.......*id*..............*id*........

1856 et 1857.......*id*..............*id*........

1858 et 1859.......*id*.. ....*id*........

2º Dans l'Enseignement particulier.

Quoique moins éclatant que l'enseignement de la Faculté, l'enseignement privé a sa valeur ; de tout temps, dans les Facultés de médecine, on en a tenu compte aux jeunes gens qui, en remplissant auprès des Élèves les modestes fonctions de répétiteurs des cours des Professeurs, s'exerçaient à l'étude et à l'enseignement.

Je ne crains pas de parler de mon enseignement particulier, parce que, d'un côté, sa durée, de 1842 à 1858, et le nombre d'élèves qui l'ont suivi avec assiduité, de 10 à 40 par jour, lui ont donné une notoriété non douteuse ; et, de l'autre, les branches de la science que j'ai plus particulièrement choisies pour sujet de mes leçons sont précisément, ou *la Chirurgie théorique et pratique*, ou les Accouchements, ou l'Anatomie et la Physiologie, qui en font la base.

Mon long séjour dans les hôpitaux m'a permis de profiter des nombreux matériaux qu'ils présentent pour faciliter les démonstrations de la *Médecine opératoire*, des *Bandages* et *Appareils*, et s'exercer à toutes les opérations chirurgicales.

Cette longue série d'années pendant lesquelles j'ai fait

plusieurs cours d'Anatomie et de Physiologie en hiver, de Chirurgie et d'Accouchements en été, si elle n'établit pas mon aptitude, ce qu'il ne m'appartient pas de faire ressortir, témoigne au moins de mon goût pour l'Enseignement et de mon inclination pour la Chirurgie. C'est tout ce que je me permettrai de constater.

3º Services relatifs au matériel anatomique.

Déjà, pendant mon internat à Avignon, je déposai dans le Conservatoire de la Faculté des pièces curieuses d'Anatomie pathologique, qui prirent leur rang parmi celles sur lesquelles fut basé l'ouvrage du professeur Dubrueil sur les Maladies du cœur. Depuis lors, j'ai fourni de nombreuses pièces relatives à la tératologie, entre autres un exemple remarquable de xyphopagie et un autre d'exomphale, au développement du fœtus, à ses vices de conformation et à nombre de maladies. Je me suis toujours fait un devoir de déposer dans notre Musée les pièces qui, provenant d'opérations insolites, pouvaient présenter quelque intérêt pour les démonstrations aux élèves; et je continue aujourd'hui à les déposer, soit au Conservatoire, soit au Laboratoire d'Anatomie pathologique et d'Histologie.

Mais mon tribut à la riche Collection de la Faculté se compose principalement des préparations d'Anatomie normale et pathologique de l'homme, d'Anatomie comparée et d'Anatomie microscopique, que j'ai fournies dans les deux concours pour la place de Chef des travaux anatomiques auxquels j'ai pris part.

Entre ces diverses époques, j'ai enrichi le Conservatoire de plus de 350 préparations, dont bon nombre se rapportent à l'ensemble d'une des régions anatomiques les plus importantes.

V.

TRAVAUX SCIENTIFIQUES ET PUBLICATIONS DIVERSES.

Les travaux que j'ai publiés, et ceux qui sont actuellement à l'impression, ne représentent qu'une faible partie des matériaux que j'ai amassés et classés depuis plusieurs années sur diverses parties de la Chirurgie. Je m'occupe spécialement de rédiger une *Clinique des maladies chi-*

rurgicales de l'enfance, dont plusieurs Mémoires sont terminés et d'autres le seront bientôt. Ce livre aurait été imprimé à temps pour être soumis à mes Juges, si la Chaire de Clinique chirurgicale n'avait été déclarée vacante avec une précipitation imprévue et inaccoutumée jusqu'à ce jour dans la Faculté de médecine de Montpellier.

Les principaux chapitres traités jusqu'à présent sont :

Des Angiomes ou tumeurs érectiles et de leur traitement.

De l'imperforation de l'Anus et du Rectum. Nouveau mode de traitement.

De l'Hydrocèle.

De la Cataracte congénitale ; — cinq opérations.

Des Hernies.

Des Scrofules et des Scrofulides.

De la Vulvo-Vaginite.

Du Phimosis et du Paraphimosis.

Du Bec-de-lièvre.

Du Pied bot.

Des Calculs vésicaux et de la taille :

          chez le petit garcon ;

          chez la petite fille.

De l'Incontinence d'urine.

Des polypes du Pharynx.

Des corps étrangers dans l'Oreille.

Deux cas de tumeurs encéphaloïdes énormes chez l'enfant en bas-âge.

De l'hypertrophie des Amygdales et de leur excision.

Du Croup et de son traitement par la Trachéotomie.

Ce dernier Mémoire, comprenant dix succès sur quinze opérations pratiquées, a pris une extension telle qu'il pourra être publié à part et former un volume important à lui seul.

Tous ces travaux, basés sur un grand nombre d'observations, représentent une grande partie de la pratique de la Chirurgie infantile et forment un ensemble qui, sans être astreint à une classification méthodique comme l'exigerait un traité didactique, pourra se continuer et être complété à mesure que des faits nouveaux se présenteront.

En attendant, voici les travaux publiés :

A. *Chirurgie.*

Réflexions sur un cas de Pustule maligne, traitée par le cautère actuel. Restauration consécutive de la face.

Mémoires de Chirurgie pratique par le Dr Morand. (Analyse.)

Mémoires de Chirurgie pratique comprenant la cataracte, l'iritis et les fractures du col du fémur, par le Dr Pamard (Analyse.)

De quelques effets du bandage de Scott.

Étude sur les maladies vénériennes ; chancre et bubon.

Des dégénérescences de la région parotidienne.

Du traitement des gerçures du sein pendant l'allaitement.

L'incision de la vulve comme moyen préventif de la déchirure du périnée dans l'accouchement est-elle nécessaire?

De l'action du seigle ergoté dans la pratique des accouchements. (Mémoire lu à l'Académie des Sciences et Lettres de Montpellier.)

De quelques vices de conformation de l'orifice antérieur du vagin.

Réflexions sur un fait de tératologie, avec une planche.

De la version et de l'évolution spontanées (Mémoire qui a mérité le prix d'accouchements, *médaille en vermeil*, de la Société médico-chirurgicale de Bruges (Belgique), qui l'a inséré dans ses Annales et a accordé à son Auteur le titre de *Membre correspondant*).

De la rupture de la matrice pendant l'accouchement.

Des accouchements multiples, avec cinq planches (Mémoire lu à l'Académie des Sciences et Lettres de Montpellier, qui l'a publié dans ses Annales).

Mémoires pratiques de Médecine, de Chirurgie et d'Accouchements, avec planches (2me édition).

Nouvelle observation de cancer encéphaloïde guéri par élimination spontanée.

Observation sur l'ergot de froment et son action dans l'accouchement.

De la trachéotomie dans le croup; sept opérations, dont cinq suivies de succès (1863). (Mémoire lu à l'Académie des Sciences et Lettres de Montpellier, qui en a voté l'impression dans sa collection.)

Mémoires pratiques d'accouchements, avec planches.

Étude sur l'ophthalmoscopie, à propos du tableau ophthalmoscopique du Dr Martin.

Du croup et de son traitement, surtout par la trachéotomie (1870). (Neuf succès sur quatorze opérations.)

Deux cas de fractures rares. Fracture par action musculaire de la tubérosité externe du tibia et de la tête du péroné, et fracture simultanée des deux rotules, l'une par action musculaire et l'autre par violence. Étude de clinique chirurgicale.

Des Angiomes ou tumeurs érectiles, et de leur traitement.

B. *Anatomie pathologique et Physiologie.*

Établir les rapports qui existent entre l'Anatomie et la Physiologie. Ces sciences sont-elles accessoires à la médecine, ou en sont-elles des parties intégrantes ? (Thèse de concours pour l'Agrégation.)

Des tubercules dans les vésicules séminales.

De la découverte de la circulation. (Première leçon du cours de Physiologie, 1851.)

Des relations qui existent entre l'Anatomie et la Physiologie. (Première leçon du cours de Physiologie, 1853.)

De la manière d'envisager la Physiologie. (Première leçon du cours de Physiologie, 1855.)

c. *Médecine pratique.*

Étude sur la fièvre intermittente pernicieuse dans les contrées méridionales, par le Dr Gouraud. (Analyse.)

Des effets de la douche sur les aliénés.

De l'acide arsénieux dans le traitement des fièvres intermittentes.

Des nouvelles fontaines de la ville de Montpellier, au point de vue de l'hygiène publique.

Des métamorphoses de la syphilis, par le Dr Yvaren. (Analyse.)

D. *Hydrologie.*

Rapport sur les Eaux minérales de Quézac, lu à l'Académie des Sciences et Lettres de Montpellier.

Lamalou-le-Haut; ses Eaux et ses Bains, avec quatre planches. Ce grand travail va être terminé, en collaboration avec le Dr Boissier, Médecin Inspecteur de ces Thermes.

E. *Divers.*

Éloge du Dr Nozeran.

De l'exercice illégal de la Médecine et des moyens de réprimer le charlatanisme (Rapport lu à la séance générale de l'Association médicale de l'Hérault, qui en a voté l'impression).

J'ai publié de nombreux articles dans les Recueils suivants :

Gazette Médicale de Montpellier.

Journal de la Société de Médecine pratique de Montpellier.

Revue thérapeutique du Midi.

Annales cliniques de Montpellier.

Gazette Médicale de Toulouse, dont j'ai été le collaborateur pendant toute sa durée.

Journal de Médecine et de Chirurgie pratiques de Paris,

Et dans les publications du Congrès scientifique de France.

J'ai collaboré à plusieurs Mémoires de feu le Professeur Rech, sur les Maladies mentales et la Clinique des aliénés.

En résumé :

1° Trente-deux années d'études principalement dirigées vers la Chirurgie ;

2° Huit années de service dans les hôpitaux de Montpellier et d'Avignon, comme Chirurgien interne;

3° Neuf Concours ;

4° Une mission spéciale, comme direction du service médical, dans une grande épidémie ;

5° Douze années de service comme Médecin-Inspecteur d'Eaux minérales;

6° Vingt-cinq de Doctorat et de pratique Chirurgicale;

7° Dix-huit d'agrégation active ;

8° Neuf Suppléances dans les Cours de la Faculté de médecine ;

9° Plusieurs Suppléances comme Médecin en chef dans les hôpitaux de Montpellier ou d'Avignon ;

10° Vingt-deux ans d'enseignement particulier ou officiel ;

11° Quinze titres ou distinctions académiques ;

12° Trois médailles obtenues dans des Concours pour travaux relatifs à la Chirurgie ou aux Accouchements ;

13° Préparation et dépôt dans les Collections de la Faculté de plus de trois cents pièces d'Anatomie normale ou pathologique ;

14° Collaboration à grand nombre de journaux de médecine, et particulièrement à la *Gazette médicale de Toulouse* ;

15° Composition de trente-sept Mémoires ou Ouvrages

sur les diverses branches des sciences médicales, mais particulièrement sur la Chirurgie.

Tels sont les titres que j'ai l'honneur de soumettre à l'appréciation de mes Juges pour appuyer ma candidature.

www.ingramcontent.com/pod-product-compliance
Lightning Source LLC
Chambersburg PA
CBHW060519050426
42451CB00009B/1064